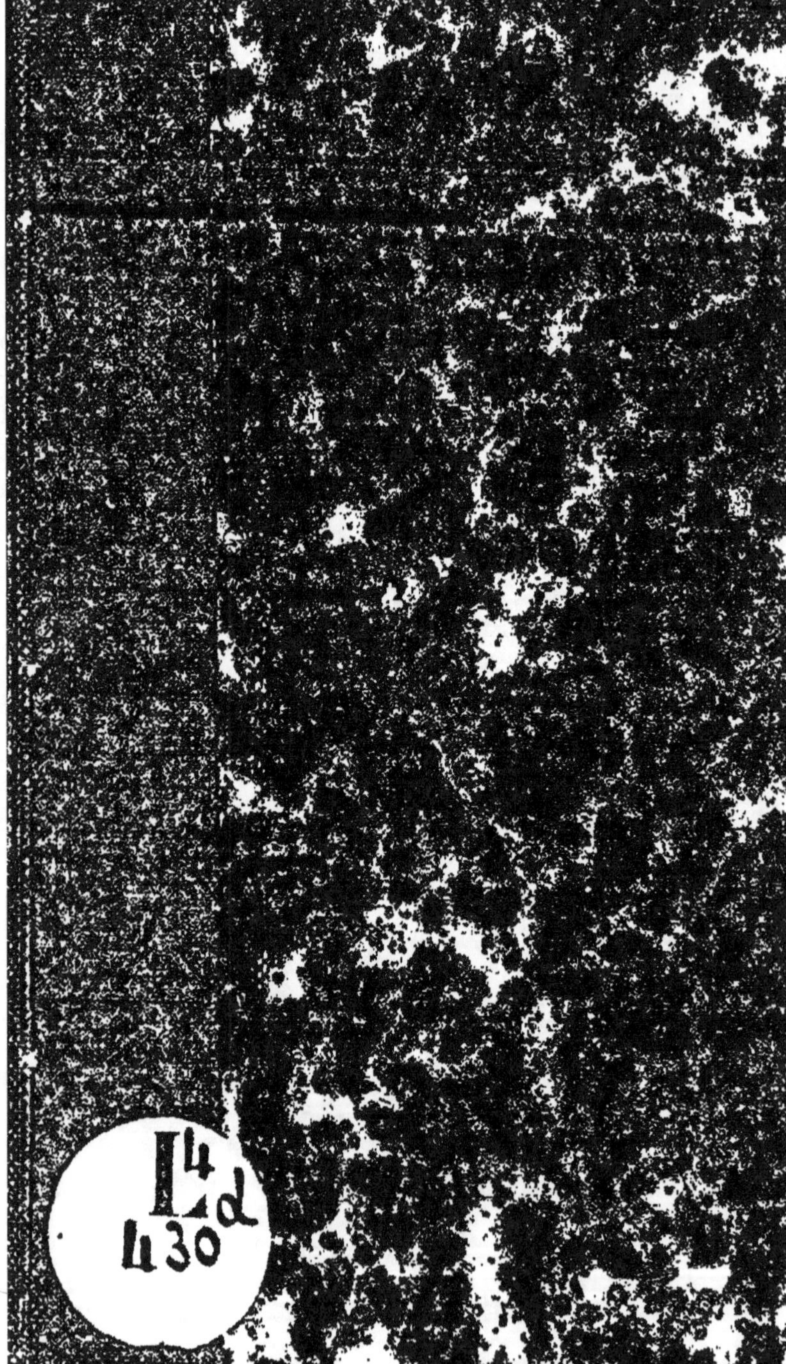

L'A SECRETE POLITIQVE DES IANSENISTES,

ET

L'ESTAT PRESENT DE LA SORBONNE DE PARIS,

DECOVVERTS PAR VN DOCTEVR,

LEQVEL AYANT APPRIS le Iansenisme lors qu'il estudioit en Theologie sous la conduite d'vn Professeur qui l'enseignoit publiquement, s'est enfin desabusé, & suit maintenant le party des Catholiques.

A TROYES,

Chez CHRESTIEN ROMAIN, à la vraye Foy, prés la grande Eglise.

M. DC. LXVII.

L'IMPRIMEVR AV LECTEVR.

MONSIEVR le Chevallier des TROISPONTS m'ayant communiqué cét Ecrit, que l'vn de ses amis, Docteur de Paris, a composé depuis sa Conversion, pour satisfaire aux demandes qu'il luy avoit faites : Iay crû que ie ferois bien de l'imprimer, suivant la permission qu'il m'en a donnée, afin que les Catholiques evitent plus facilement les pieges des Iansenistes quand ils les auront découverts, & que Messieurs les Docteurs de Sorbonne, qui se sont laissez surprendre, imitent leur Confrere converti, & purgent leur Faculté du Iansenisme.

LA SECRETE
POLITIQVE
DES
IANSENISTES,
A
MONSIEVR
LE CHEVALIER
DES
TROISPONTS.

LES progrez que le Ianfenifme fait en France, m'étonneroient infiniment, s'il ne me fouvenoit que le Caluinifme s'y eft eftabli avec autant de facilité & de fuc-cez, comme d'Avila remarque fort bien dans fon Hiftoire des guerres civilles: *Liure 1. edit. 2. à Paris, pag. 36. 37* Il dit que les opinions de Calvin furent embraffées avec paffion, & foûtenuës avec opiniâtreté par un grand nom-bre de perfonnes de toute forte de conditions: Que fa doctrine avoit pour Siege principal la Ville de Genéve: Que delà fortoient les Livres qu'on y faifoit imprimer, & s'infinüoient dans les Provinces, des hommes d'efprit & fort éloquens, qui femoient cette doctrine: Qu'elle s'épandit avec le temps par toutes les Villes, & par toutes les Provinces du Royau-me, bien que toutefois ce fût fi fecrettement,

A ij

qu'on n'en voyoit en public que de foibles traces, & quelques legeres conjectures ; *pag.* 38.
Qu'en chaque Parlement il y auoit plusieurs
Conseillers, qui estoient imbus de cette mesme opinion; Que desia une infinité de personnes de l'un & de l'autre sexe avoient esté gagnées par les presches de Theodore de Beze
disciple de Calvin, homme fort sçavant & des
plus eloquens de son temps ; Que plusieurs
grands Seigneurs s'estoient pareillement laissez surprendre à cette creance ; *liu.* 2. *pag.* 57.
Qu'il y en avoit plusieurs mesme parmy les
Prelats, que leur inclination portoit à prester
l'oreille aux opinions de Calvin. *liu.* 1. *pag.* 36.
La raison qu'il en apporte, est que les esprits
des François sont naturellement curieux, &
se plaisent aux nouveautez. Ie pourrois attri-
buer à la mesme cause, la propagation de cette
nouvelle heresie, si nous n'estions dans un sie-
cle si sçavant, qu'il n'est point d'erreurs que
ses lumieres ne puissent dissiper, comme les
rayons du Soleil détruisent les tenebres.

La merveilleuse Politique de ses Auteurs &
de ses Sectateurs en merite asseurément toute
la gloire ; Et parce que vous desirez, MON-
SIEUR, que ie vous en découvre les secrets,
ie vous feray connoistre par les lumieres que
i'ay receuës lors qu'ils n'avoient pas sujet de
me les cacher, & par les effets qui sont con-
nus à tout le monde, les raisons qui les ont fait
agir, & la maniere qu'ils ont pratiquée en
l'achevement de leurs desseins. Mais pour garder l'ordre qui est necessaire, je montreray
premierement la Fin qu'ils se sont proposée,
& puis ie declareray les moyens dont ils ont
ysé pour y parvenir.

La Fin que les Ianfeniftes fe font proposée.

Quelques Auteurs eftiment qu'ils ont voulu abolir la creance de l'Incarnation du Verbe Eternel, & de toutes les veritez qui en dépendent, c'est à dire, tout le Chriftianifme. Les autres foûtiennent qu'ils veulent bien conferver felon les apparences la Religion Chrétienne, mais qu'ils prétendent la détruire en effet, par le renverfement de fa doctrine & de fes Sacremens. Les autres publient qu'ils veulent eftablir la Foy d'un Dieu feul, & ruiner les autres Articles que nous recevons. Chacun d'eux produit fes raifons fi vray-femblables, qu'il perfuade ce qu'il avance. Il y en a un des plus fçavans, qui a recuëilli de leurs Ecrits, de leurs predications, & de leur pratique dans l'adminiftration des Sacremens, les propofitions fuivantes, fans parler des cinq qui ont efté condamnées.

1. Que depuis l'an 400. de Iesus-CHRIST, il n'y a plus de vraye Eglife.

2. Qu'il faut abolir les Indulgences, comme une invention humaine; le culte de la Vierge Mere de Dieu, des Saints, des Images; les Meffes à baffe voix; la confeffion des pechez veniels; l'ufage de la fainte Euchariftie.

3. Que l'ignorance invincible & fans affectation n'excufe point de peché.

4. Que toutes les actions de celuy qui eft en peché mortel, par exemple, fes prieres, fes aumônes, l'honneur qu'il rend à fon Pere, &c. font pechez mortels.

5. Que tout ce qui fe paffe dans le mariage entre les perfonnes fteriles par l'âge ou autrement, eft peché mortel.

6. Que les Evesques cessent d'estre Evesques, les Magistrats d'estre Magistrats, &c.
lors qu'ils sont en peché mortel.

7. Qu'il faut suivre ce que les mouvemens
interieurs suggerent contre les loix de Dieu,
de l'Eglise, des Souverains, des Magistrats, &c.

8. Que les Prestres & les Curez sont égaux
aux Evesques, & les Evesques aux Papes.

9. Qu'il faut faire une penitence propor-
tionnée à ses pechez avant que d'en recevoir
l'absolution ; & que les malades mesmes qui
se sont confessez avant que d'avoir fait une
satisfaction égalle, sont obligez à faire une
seconde confession.

10. Que delà vient qu'ils refusent l'absolution aux penitens qui ne sont point dans l'occasion prochaine du peché, & qui témoignent
une ferme & sincere volonté de se convertir,
les obligeant à faire auparavant ces peni-
tences.

11. Delà, encore, procedent les peniten-
ces extraordinaires & farouches, comme sont
celles-cy qu'ils ont imposées à des vignerons,
de ne boire jamais de vin ; à des femmes, de se
tenir plusieurs fois & plusieurs heures, le ven-
tre nud sur la terre ; ce qui a privé les unes de
la raison, les autres de la vie ; à des infideles,
de demander pardon à leurs marys de leurs se-
crettes débauches ; à des filles, de vêtir des
chemises trempées en l'eau, de faire en cét état
une heure de prieres, & puis se mettre au lict.

Quoyque ces choses soient connuës à bien
des gens ; Neantmoins ie ne veux écrire que ce
que leurs Livres & les effets les plus ordinaires
découvrent à tout le monde, afin que ie ne
sois suspect à personne.

Ie dy donc qu'ils veulent introduire dans l'Eglife Catholique le Calvinifme : qui ne semble pas d'abord eftre fi contraire à Iesus-Christ, que le font les autres déffeins, mais qui le détruit pourtant, & qui ne laiffe à fes Sectateurs que le nom de Chrétiens. Trois raisons me le perfuadent.

1. Les Lettres de M. Ianfenius à l'Abbé de S. Cyran, imprimées par les foins du Sieur de Préville, revelent ce myftere, & convainquent qu'il n'avoit l'efprit occupé que du Calvinifme, & qu'il travailloit conjointement avec cét Abbé, à le rétablir.

2. Ceux, qui prendront la peine de faire les rapports de fon Livre intitulé *Ianfenij Auguftinus*, avec les Inftitutions de Calvin, reconnoiftront facilement qu'il a fuivy fa doctrine, fes preuves, fes raifonnemens, fes confequences &c. Deforte que quand il fe tient aux principes de cét Herefiarque, il eft d'accord avec foy-mefme; & quand il s'en éloigne, il fe contredit en plufieurs dogmes.

3. Les Informations faites iuridiquement contre M. l'Abbé de S. Cyran : fon Cathechifme de la Grace; fon Livre des Vœux, & les autres ouvrages qu'il a donnés au public fous des noms empruntez, prouvent clairement qu'il faifoit plus de voyages à Genéve qu'à Rome, & qu'il preferoit les erreurs de l'vne à la Foy de l'autre.

Or puifque les Auteurs du Ianfenifme ont rempli leurs Lettres & leurs Livres de la doctrine des Calviniftes, ne faut-il pas conclure qu'ils pretendent donner entrée au Calvinifme en l'Eglife de Iesus-Christ? Et veritablement les cinq Propofitions condamn-

par les Souverains Pontifes, ne contiennent
que le Calvinisme renfermé tout entier dans
ses cinq Principes, comme la racine, le tuyau,
l'espy, & le bled sont renfermez dans le grain
de froment que l'on séme. Aussi, dans leur
Lettre Circulaire, qui est imprimée dans le
Livre de M. de Marandé, *Des Inconueniens
d'Estat procedans du Iansenisme*, avec les
moyens & les instructions, qu'ils addressent à
leurs Sectateurs, pour établir heureusement
leurs dogmes, ils disent que *la Fin principale
de leur Vnion est de remedier aux abus & desor-
dres, qui se sont glissez en l'Eglise depuis S.
Augustin, par l'ignorance de son excellente doctrine.* Or par la doctrine de ce S. Docteur ils
entendent celle de M. Iansenius, qui s'est ser-
vi, comme a fait Calvin, de son autorité, & qui
s'efforce de persuader qu'il n'a point de sentimens differens des opinions de ce S. Pere.

LES MOYENS

Pour Parvenir à cette Fin.

PREMIER MOYEN.

*Retrancher du Calvinisme les propositions
odieuses.*

LE Calvinisme estant devenu fort odieux
aux Catholiques, les Iansenistes ont jugé
prudemment qu'il estoit necessaire d'en retrancher les choses qui en ont détourné ius-
ques-icy les peuples. C'est pourquoy ils ont
rejetté ces propositions : Que Dieu est auteur
du peché, Que le Corps de Iesus-Christ

n'est qu'en figure dans l'Eucharistie ; Qu'il n'y a que deux Sacremens ; Que le Pape est l'Ante-Christ : Que le Culte des Images est une Idolatrie ; Qu'il ne faut pas invoquer la Vierge Mere de Dieu, ny les Anges, ny les Saints bien-heureux ; Qu'il n'y a point de Purgatoire ; Que la Messe est une abomination, &c. Ils ont retenu, au contraire, les Prestres, le Celibat, la Messe, les sept Sacremens, les Ceremonies & les Ornemens Ecclesiastiques, le Pape, la Hierarchie, toutes les choses enfin qui sont populaires. Parce que le peuple aime tout ce qui frappe les sens & excite de cette maniere sa pieté. De plus, parce qu'il est accoûtumé au gouvernement du Pape, des Evesques, &c. à l'usage des Sacremens, de la Messe, &c. Enfin parce que l'experience a montré aux Calvinistes, que l'abolition de ces choses a esté un grand obstacle à la propagation de leur Secte. De sorte que les Iansenistes ayant ainsi reformé le Calvinisme, l'ont fait recevoir sans horreur & mesme sans défiance, aux gens simples & faciles à prendre les impressions qu'on leur donne, sans reconnoistre ces subtils déguisemens.

II. MOYEN.

Demeurer dans la Communion de l'Eglise.

Ils ne doutoient pas neantmoins que le temps qui découvre les choses les plus cachées, ne fit enfin connoistre leurs artifices, & n'étouffast leur entreprise en son berceau ; Que si-tost que les Catholiques verroient les traces du Calvinisme, ils le rejetteroient avec execration ; & que *Calvin ayant une bonne cause*

comme parloit l'Abbé de S. Cyran , *l'avoit*
mal de'enduë ; parce qu'il n'avoit pas eu l'ad-
dresse d'éviter le nom d'heretique , ainsi qu'il
eût pû faire , s'il n'eût point abandonné exterieurement la Communion de l'Eglise. C'est
pourquoy ils établirent cette Maxime fonda-
mentale de leur Politique , *Qu'ils ne sortiroient*
jamais de l'Eglise Catholique , & consequem-
ment qu'ils reconnoîtroient le Pape , & se soû-
mettroient apparemment au gouvernement
Hierarchique. Cette importante Resolution
fut , aussi , fondée sur ces raisons , qu'ils estimerent convainquantes. 1. Que Pelagius,
Macedonius , Eutyches , les Donatistes , &
tous les Fondateurs de nouvelles Sectes qui
ont esté les plus prudens , ont constamment
conservé le nom & les apparences de Catholiques , & en ont remportés les avantages qu'ils
avoient souhaittez. D'où ils infererent qu'ils
devoient les imiter , & qu'ils auroient asseurément un pareil succez. 2. Qu'ils pourroient
s'insinuer sans obstacles , en l'estime des Catholiques de toutes conditions & de tout sexe,
dans les Communautez regulieres & seculie-
res; dans les Vniversitez & les Academies; dans
les Cours Souveraines , & les autres Corps de
Iustice ; dans les Cours des Roys , des Princes,
&c. Qu'ils pourroient parler, converser, prescher , écrire , diriger les consciences , &c. &
de cette sorte , inspirer leur doctrine , établir
leurs Maximes ; se defendre contre leurs Adversaires, détruire leurs efforts , &c. éventer
les desseins qu'on prendroit contre leur Secte,
s'y opposer secrétement ou à force ouverte,
semer des divisions , & pratiquer mille autres
moyens & artifices , pour des-unir , & pour

broſiller leurs ennemis. La raiſon eſt , que demeurant exterieurement unis à l'Egliſe , ils ne feroient point ſuſpects ; ils paſſeroient ſans difficulté pour amis ; ils feroient , cependant, ce que font les ennemis couverts des apparences d'une veritable & ſincere amitié. 3. Que les hommes qui ſont nés ou nourris dans les Societez civilles ou Eccleſiaſtiques , ne les quittent pas facilement pour paſſer dans les ſocietez étrangeres : & qu'ainſi pluſieurs heretiques, qui ſont convaincus de leurs erreurs, n'oppoſent que cét obſtacle à leur converſion: Qu'il eſt bien plus mal-aiſé que les hommes renoncent à la vraye Religion pour embraſſer celle qu'ils eſtiment fauſſe , & qui détruit la Foy qu'ils ont juſques alors cultivée : Mais que ſi l'on conſerve la forme & les dehors de leur premiere ſocieté , ils s'engagent peu-a-peu dans les changemens qu'on y introduit ; comme il arrive que les Sujets ſouffrent dans les Eſtats, le changement des Loix, des Couſtumes & de tout le gouvernement , lors qu'on le fait par degrez , & qu'on retient en pluſieurs choſes les apparences des meſmes Eſtats. Et partant que ne ſortant point de l'Egliſe Catholique , ils changeroient petit-a-petit ſon ancienne doctrine , & feroient ſucceder en ſa place leurs nouveaux dogmes. 4. Que s'ils eſtoient condamnez par les Papes, ils pourroient , pour ſe garentir de cette flétriſſure, abandonner apparemment ce party , & le défendre ſecretement; Deplus, qu'ils conſerveroient dans leurs intereſts ceux qu'ils auroient gagnés avant leur condamnation. 5. Que ſi au contraire, ils ſe ſéparoient de l'Egliſe, leur nom ſeroit infame , leur converſation ſuſpecte , leurs

Livres rejettez , leurs defenses mal-recettes,
toute leur doctrine odieuse ; & consequem-
ment qu'il leur seroit impossible d'établir leur
Secte. Ces sages raisonnemens n'ont point
trompé leurs esperances , puis qu'ils font couler dans l'esprit d'infinité de Catholiques
leurs opinions couvertes de ce sacré voile de
l'Eglise.

III. MOYEN.

Le Secret inviolable , & la Dissimulation.

Mais parce que les Catholiques de ce sie-
cle sont si éclairez , qu'ils verroient inconti-
nent le poison du Calvinisme , quand il leur
seroit presenté ; Ils arrétèrent entre eux , suivant la Maxime de l'Abbé de S. Cyran (qui
disoit fort souvent *secretum meum mihi pro-
pter metum Judæorum , id est , Catholicorum*)
de le cacher de telle sorte , que les plus fins ne
pûssent le découvrir. Ils proposerent donc plusieurs moyens pour luy donner les couleurs &
l'air des veritez Catholiques , & ils jugerent
que ceux-cy sont les meilleurs. 1. Publier que
c'est la doctrine de S. Augustin. 2. Ne la dé-
clarer aux gens suspects , ou indifferens , ou
contraires , qu'en termes ambigus. 3. N'a-
vancer que certaines propositions obscures , de
la Predestination , de la Grace , de la Liberté,
&c. sans s'expliquer , afin d'attirer la curiosité de ceux, qui aiment les nouveautez. 4. Persuader qu'ils ne prétendent que reformer la
doctrine relâchée de l'Eglise , & les mœurs
corrompuës. 5. Traitter leurs adversaires de
Pelagiens , & Semi-Pelagiens ; afin que les
disputes ne passent que pour des questions

Scolaftiques. C'eft pour cét effet que Ianfenius a écrit avec tant d'artifice au commencement de fon *Auguftin*, l'hiftoire de ces Heretiques : & qu'ils ont appellés *Moliniftes* leurs
ennemis. Or les raifons de cette procedure
font : Que péu de gens s'intereffent dans les
querelles des Particuliers : Que tous, au contraire, lifent avidement les ouvrages des deux
Partys oppofez, pour en juger : Que ne pouvant
d'ordinaire demeurer neutres, ils s'engagent
facilement dans l'un des Partys : Qu'ils pren-
nent celuy de la nouveauté, lors principalement qu'elle a les couleurs d'une dovotion extraordinaire, & les attraits du beau langage:
Que les volontez eftant gagnées, il eft aifé de
porter jufques dans l'efprit les lumieres de la
nouvelle doctrine : parce que dans les difputes
qui concernent la Religion, la volonté con-
duit d'ordinaire l'entendement, comme elle
luy commande de fe foûmettre aux obfcures
veritez de la Foy.   6. Mais pour donner plus
facilement le change aux Catholiques par le
moyen de ces difputes pretenduës particulieres ; ils s'accorderent, de plus, de les faire
paffer pour la doctrine & les difputes *des Tho-
miftes contre les Iefuites.* Et de vray leurs Dé-
putez, qui défendirent leur caufe à Rome de-
vant Innocent X. le perfuaderent au R. P.
Dominicain, qui eftoit Maiftre du facré Pa-
lais, & au fçavant Vvaddingue de l'Ordre de
S. François : qui furent neantmoins defabufez
& fort blafmez du Pape, d'avoir donné fi im-
prudemment dans le panneau des Ianfeniftes,
7. Encore que ces moyens foiét efficaces, ils crûrent pourtant que fuivant la Maxime de quelques Italiens, qui difent *Qu'il faut divifer pour*

regner, & celle des heretiques, qui ont allu-
mé la guerre dans les Estats Catholiques, afin
qu'ils s'établissent seurement parmy les trou-
bles publics : Il estoit necessaire d'exciter une
guerre spirituelle entre les Catholiques, pour
les diviser & les occuper à se combattre les uns
les autres, & pour se ranger dans les intrigues
& les desseins de ceux, qui pourroient les fa-
voriser davantage contre leurs ennemis. Voila
pourquoy l'Abbé de S. Cyran a écrit le Livre
de la Hierarchie sous le nom de *Petrus Aure-
lius*, pour commettre les Prelats & les Prestres
avec les Religieux. Ils ont encore émeu les
Questions de la Messe Parroissiale, des Con-
fessions pendant le temps de Pasques, de celle des malades ; des Privileges des Reguliers, du Droit de diriger les consciences, &c.
pour contraindre les uns à faire des courses
dans le pays ennemy, & les autres à opposer
leurs forces : au lieu de se joindre tous ensem-
ble, & de détruire la nouvelle doctrine. Ils ne
doutoient nullement que pendant ces broüille-
ries communes, ils n'établissent leurs opinions
particulieres, & qu'ils ne recüeillissent tout le
fruit de ces guerres Civilles. 8. Veritablement il estoit bien difficile de penetrer dans des
desseins si cachez: Le Secret leur sembla neantmoins si important, que pour le rendre tout-
a-fait inaccessible, ils resolurent, 1. D'affe-
cter une eloquence pompeuse & déguisée, remplie de preuves embarassées dans dés expres-
sions illustres, mais d'un sens douteux & ob-
scur. 2. De donner deux BIAIS à leurs desseins
& à leurs opinions, afin de se tenir, selon les
rencontres, à celuy qui seroit le plus commode.
3. De ne confier ce Secret qu'à un ou deux bien

acquis au Party , dans les Villes qui leur donneroient entrée. 4. De faire leurs assemblées
en se promenant pour prendre l'air , lors qu'il
est necessaire de délibeter de leurs affaires.
5. De ne point mettre leurs noms dans les Livres , qu'ils donneroient au public , afin de les
desavoüer , lorsque l'interest du Party le de-
manderoit.

IV. MOYEN.

Estre Polis , & se mettre en Estime.

Les choses ayant esté concertées de cette sorte, ils penserent à se former eux-mesmes, afin
de se rendre plus propres pour executer leurs
desseins. Ils tomberent d'accord , qu'ayant à
converser avec le monde , ils se tiendroient
toûjours bien proprement couverts; Qu'ils auroient soin qu'on pût voir beaucoup de poli-
tesse dans leurs paroles , & dans tout leur main-
tien exterieur ; Qu'ils regleroient bien leurs
mœurs, au moins quant à l'exterieur, & qu'ils
pratiqueroient quelques mortifications , pour
plaire à ceux qu'ils croiroient pouvoir gagner,
& pour estre un préiugé de la bonté de leur doctrine; Qu'ils porteroient le peuple à quelques
pratiques exterieures de pieté , comme d'as-
sister & visiter les malades , les prisonniers,
honorer le tres-saint Sacrement de l'Autel,
pour éloigner le peuple de croire , que leur
doctrine soit conforme à celle des Calvinistes:
Qu'ils se loüeroient fort les uns les autres;
Qu'ils feroient profession d'estre sçavans , &
que pour en acquerir la reputation , ils parleroient beaucoup dans les Chaires & dans les

compagnies, de la Predestination, de la Grace,
& de S. Augustin ; Que neantmoins quand ils
seroient avec des gens plus sçavans qu'eux, ils
ne diroient pas leurs opinions: Que s'ils les di-
soient, ils le feroient par forme d'une simple
narration ; & si on leur demandoit les raisons,
ils répondroient par ce mot, *ô altitudo, &c.*
ou bien, que S. Augustin est formel là dessus:
& alors ils adjoûteroient de grandes loüanges
de ce S. Docteur, afin que l'on ne se donne
pas la liberté de rechercher le sens de ses paroles: Que lors qu'ils parleroient des charmes &
des douceurs de la Grace Victorieuse, ils diroient qu'on la connoit à de certaines marques, qui ne sont pas données à tout le monde; que d'abord ils ne diroient pas ouvertement ces marques, mais seulement qu'elles
sont données à ceux qui en sont capables. Ce
qui attireroit infailliblement les peuples au
desir de les consulter sur les affaires de leur
salut; d'où ils prendroient occasion de leur
imprimer dans l'esprit les principes de leur
doctrine.

V. MOYEN.

Gagner les Seculiers, & les engager dans
leur Party.

Aprés qu'ils se furent ainsi préparez, ils
tournerent toutes leurs pensées à trouver de
l'appuy parmy les Catholiques; & comme ils
ne pouvoient l'esperer que des Ecclesiastiques
ou des Laïques, ils s'appliquerent à gagner
les Prelats, les Curez & les simples Prestres,
par ces moyens-icy: Leur rendre à chacun,
selon

felon leurs degrez, tout l'honneur poffible. Les
loüer fouvent fans affectation neantmoins:
Relever beaucoup leurs caracteres, leurs dignitez & leurs fonctions: Leur reprefenter obli-
geamment & avec quelque zele pour leur gloire, les obligations que Dieu leur impofe, de
gouverner les ames, de reformer la conduitte
prefente de l'Eglife, de donner de l'éclat à
l'Eftat Ecclefiaftique, & d'abbaiffer les Religieux qui ont ufurpés par la direction fpirituelle les Droits & les Exercices des Preftres:
Les encourager à faire des Predications, des
Catechifmes, des Conferences Spirituelles,
pour acquerir la reputation de gens fçavans &
devots: Donner beaucoup de credit à leurs Livres & à leur direction, pour y attacher les
peuples: Dire dans les compagnies, dans les
fermons & dans les Livres, que les peuples font
obligez de recevoir des Ecclefiaftiques fecu-
liers la direction de leur confcience; Ietter des
fcrupules dans l'ame de ceux qui fuivent celle
des Reguliers: Soûtenir que les defordres des
Chreftiens font venus du renverfement de cét
odre, & en produire les preuves, au moins
vray-femblables, tirées avec quelque apparence de l'ancien gouvernement de l'Eglife;
afin de perfuader au peuple qu'on ne prétend
que le rétablir: Offrir les fecours temporels à
ceux qui en auront befoin: Conduire enfin les
Preftres felon leurs inclinations dominantes:
Les Nobles & les fçavans par l'honneur & la
gloire: Les Ambitieux par les dignitez: Les
Pauvres & les Avares par les penfions: Les
Fiers & les Amateurs de l'éclat par les Sermons
& les applaudiffemens: Les Fervens & les zelez
par la reforme des mœurs: Faire paroiftre

B

enfin à tous une grande paſſion pour leurs avantages ſpirituels & temporels.

Ils adjoûterent à ces moyens le deſſein de
faire des Aſſemblées de Preſtres, pour leur apprendre les ceremonies des Divins Offices,
l'adminiſtration des Sacremens, la vie ſpirituelle, le ſecret de diriger les conſciences ; &
pour leur inſpirer leur nouvelle doctrine mê-
lée ſubtilement avec des choſes ſi ſaintes & ſi
utiles.

Aprés qu'ils eurent convenu des moyens de
faire la conqueſte des Eccleſiaſtiques, qu'ils
ont touſiours eſtimée tres-importante, parce
que non ſeulement le Trouppeau de IESUS-
CHRIST tomberoit facilement dans leurs
pieges, mais encore parce que les Paſteurs
eſtant corrompus conduiroient eux-meſmes
leurs Brebis aux Loups qui cherchent à les dé-
vorer : ils délibererent des moyens d'attirer les
Laïques.

Ils crûrent donc qu'ils s'inſinuëroient dans
l'eſtime *des Grands* par les predications juſtes,
polies & commodes : par le langage doux &
cultivé : par les converſations agreables & cu-
rieuſes : par la reputation d'hommes ſçavans
dans l'Antiquité, dans les SS. Peres, dans les
Maximes de la belle Morale : par les opinions
éloignées de la doctrine commune, mais non
tout-a-fait nouvelles : par mille marques
d'honneur, mille bons offices rendus à propos,
mille autres meſures, qu'ils pourroient pren-
d.e dans les rencontres ſelon le naturel & les
intereſts de chacun d'eux ; loüant ou blaſmant,
approuvant ou rejettant, joüant toute ſorte
de perſonnages ſuivant les regles d'une com-
plaiſance achevée.

Ils furent, auffi, perfuadez qu'ils conqué-
teroient affeurement *les Dames* par la modeftie, & la douceur : par une maniere de prononcer jolie & un peu feminine : par le langage jufte & propre en fes termes : par les foû-
pirs devots : par le tour & l'élevation frequen-
te des yeux vers le Ciel : par la devotion un
peu extraordinaire, exprimée en termes nouveaux : par les Livres curieufement reliez :
par les Difcours de la Predeftination, de la
Liberté, de la Grace, &c. par l'oftentation
moderée & bien diffimulée, d'un nouveau fecret de conduire les ames, qui eft inconnu aux
autres Confeffeurs & Directeurs : par les vifi-
tes ménagées felon leur humeur : par les marques d'un attachement empreffé & tout pur, à
leur fanctification : par le mépris, qu'ils fe-
ront comme s'ils n'y penfoient pas, des Confeffeurs, des Directeurs, & des Livres Spirituels, qui ne font pas conformes à leur conduitte : par une continuelle deference à leurs
inclinations, parce qu'elles aiment fort l'efti-
me, l'honneur, les loüanges, & la complai-
fance que les hommes leur témoignent.

Quant *au peuple*, ils ne douterent pas que la
modeftie, les cheveux courts, les petits col-
lets, les manchettes mediocres, les longs man-
teaux, les longues prieres faites fouvent dans
les Eglifes, les auguftes ceremonies des Divins
Offices, les grandes aumônes, les feveres peni-
tences, les ardentes invectives contre le relaf-
chement de leurs premiers Directeurs : En un
mot, toutes les chofes exterieures qui auroient
le caractere d'une grande reforme, n'euffent
bientoft fon approbation, & toute la tendreffe
de fon cœur pour les nouvelles opinions.

B ij

VI. MOYEN.

Traitter differemment avec les personnes qui ont des dispositions d'esprit differentes.

Quoyque ces moyens pris en general soient tres-bons, ils ne peuvent pourtant suffire pour toutes sortes de gens. Car les uns sont suspects d'avoir des sentimens contraires aux nouvelles opinions : les autres sont simples & sinceres : les autres sont neutres, ny pour ny contre : les autres sont fervens & devots : les autres sont indevots & libertins. Ils accommoderent prudemment leur politique à ces diverses dispositions : Delà vient qu'ils se gouvernent de cette sorte.

Avec les Suspects. 1. Ils disent qu'ils ne sont point Iansenistes, & desavoüent la nouvelle Doctrine, quand ils sont avec ceux qui l'ont en horreur. 2. Ils énoncent leur opinion en des termes, qui la font paroistre presque la mesme que l'opinion commune, afin d'y amener peu-a-peu les Esprits. 3. Quand ils avoüent que Dieu donne des graces aux Réprouvez lesquelles n'ont point leur effet, ils ne disent point que c'est, ou que ce n'est point par faute de cooperation à ces graces. 4. Ils font sonner bien haut le nom de Liberté, & ne disent pas que la grace necessite la volonté : mais ils disent seulement que la grace victorieuse l'emporte doucement, sans contrainte & sans violence : ce qui est vray selon leur sens, parce qu'ils admettent une liberté opposée seulement à la contrainte : mais leur équivoque consiste en ce qu'ils sous-entendent que

la grace victorieuse emporte la volonté par une
neceffité antecedente. 5. Ils n'advancent jamais les propofitions qui choquent, comme,
Que IESUS-CHRIST n'eft pas mort pour
tous les hommes : Que les Commandemens de
Dieu font impoffibles, &c. Mais ils ne parlent
que de la Predeftination, de la Grace Victo-
rieufe, &c. s'efforçant de perfuader qu'il ne
s'agit que de cela. Parce que delà ils tirent facilement les autres opinions. 6. Ils témoignent
eftre gens de paix, bien fafchez du fcandal que
caufent ces difputes : & ils adjoûtent qu'on
n'en devroit pas prefcher n'y écrire de part
ny d'autre.

Avec les Simples, qui n'ayant point de fonds
ne cherchent que leur falut. 1. D'abord ils
agiffent à peu prez comme avec les Sufpects.
2. Quand ils leur parlent, ils font attention
pour découvrir les effects, qu'ils font en leurs
efprits. 3. Pour peu qu'ils reconnoiffent en
eux d'amour pour la nouveauté, ils leur donnent la doctrine comme nouvelle, du moins
à l'Eglife moderne, aux Docteurs Scholafti-
ques, & mefme à quelques Conciles, depuis
S. Auguftin. 4. Ils leur donnent ou ils leur
preftent des Livres, qui infinüent ou qui ap-
puyent leur doctrine. 5. Ils employent les
femmes & filles feculieres, parce qu'elles aiment le changement & la varieté, pour attirer
les hommes à leurs fentimens.

Avec les Neutres, 1. Comme avec les Sufpects. 2. Ils font couler des Ecrits ou Impri-
mez en leurs maifons, afin que leur propre cu-
riofité les porte à prendre d'eux-mefmes les
Inftructions, qu'on ne pourroit pas leur donner de vive voix. 3. Ils cachent leurs opinions,

pour attirer leur curiosité. 4. Avec ceux qui panchent plus de leur costé, ils se declarent ouvertement contre leurs adversaires qu'ils appellent Molinistes, & ils les traittent de Pelagiens & de Semipelagiens.

Avec les Fervens & Devots : Ils leur representent, que la solide devotion est celle de S. Augustin, afin de leur inspirer les nouveaux dogmes: Que la principale chose qui est necessaire pour rendre agreable à Dieu une action de pieté, c'est la grace, faute de laquelle les meilleures œuvres sont pechez : Que l'orgueil corrompt souvent les meilleures actions : Que le plus grand orgueil est de croire que nous ayons aucune part aux actions de pieté que Dieu fait en nous: & que nous y puissions avoir aucun merite : Que la plus grande gloire & la plus grande vertu de l'homme, est de se tenir tellement dépandant de la grace, qu'elle fasse tout en nous & sans nous.

Avec les Indevots & les Libertins : Ils leur disent, que Dieu a determiné de toute éternité nostre salut ou nostre damnation. Que nous n'en pouvons changer l'arrest. Que les austeritez des Religieux & les mortifications gesnent, & ne servent de rien : Que le Concile de Trente, qui témoigne le contraire, n'est pas œcumenique, & n'estoit composé que de Moines : Que tous les sçavans & bons esprits sont Iansenistes. Ils leur disent ouvertement, que Dieu n'est pas mort pour tous ny pour les Réprouvez: Qu'il ne leur donne aucune grace, non pas mesme suffisante: Que toute grace est efficace : Que toute grace est efficace ou victorieuse sans aucune cooperation : Que quand en a receu une fois cette grace, c'est une grande marque de Prédeftination , & un grand fujet de joye.

VII. MOYEN.

Eftablir des Communautez d'Hommes & de Filles : Et entretenir des Penfionnaires cachez.

Portant plus avant leurs penfées dans l'avenir, ils iugerent fagement qu'il n'eft rien de plus puiffant & de plus efficace pour donner de la durée à un deffein de fi a étably , que les Affemblées d'Hommes & les Communautez de Filles. Parce que la doctrine , la conduite , les mœurs , les inclinations des Premiers & des Anciens qui les ont compofées, paffent fuccef- fivement iufques aux derniers qui les fuivent: comme l'experience de plufieurs fiecles le mon- tre dans les Corps reguliers. C'eft pourquoy ils ont fait couler leurs fentimens & leurs Ma- ximes dans une Congregation de Preftres , qui ont bien de la peine à s'en purger , quoy qu'ils tafchent de perfuader le contraire : & dans le Monaftere des Religieufes du Port-royal , que l'on ne peut defabufer. Ils ont , auffi , procuré fous pretexte de reformer le Clergé , l'eftablif- fement de plufieurs Communautez de Preftres, depuis l'an 1640. & de Seminaires où l'on in- ftruit ceux qui doivent prendre les Ordres Sa- crez. Mais parce qu'ils ont bien jugé qu'ils ne pourroient attirer à leur doctrine tous ceux, qui fe trouveroient dans ces Affemblées , la plus grande partie ayant les intentions bonnes & les fentimens Catholiques , ou n'eftant pas capables de garder le fecret qui eft neceffaire;

Ils se sont contentez d'y entretenir quelques Pensionnaires fort discrets, fideles & zelez pour leur party, afin qu'ils inspirent par une prudente dissimulation l'estime de leurs opinions particulieres, & la haine contre les Religieux leurs plus grands Adversaires. Ce qui a reüssi de telle sorte, que l'on ne void point aujourd'huy de Prestres, qui ayent vécu dans ces Communautez, qui ne soient les ennemis des Reguliers. Ceux-la mesme qu'on appelle *Devots*, sont infectez de ce venin, & publient sans scrupule, *Que l'esprit de Dieu a abandonné les Religieux.* Ils ont donné avec le mesme succez des pensions à quelques Officiers & Domestiques de M. les Prelats pour les gouverner conformement à leurs desseins ; à quelques Chanoines & Dignitez des Chapitres ; à ceux qui ont les qualitez éminentes pour écrire, ou pour prescher, ou pour converser, ou pour enseigner dans les Vniversitez ou Colleges particuliers : à tous ceux enfin qui peuvent introduire leur Doctrine dans les Corps de Iustice, dans les Cours des Princes, & chez les Grands. Cette conduite a merueilleusement étendu leurs erreurs, parce qu'elle est fort conforme à l'inclination des hommes, qui sont tous attachez aux biens temporels.

VIII. MOYEN.

Avoir une Bourse commune, & recüeillir de grandes aumones, pour fournir aux frais communs.

Mais considerant qu'ils avoient besoin de prodigieuses sommes d'argent, pour payer
tant

cant de penfions, & pour fournir auffi à l'im-
preffion des Livres , & aux autres frais necef-
faires ; Ils refolurent de faire contribuer les
plus riches du party , comme font encore fi
heureufement les Calviniftes ; & de tirer , de
plus , toutes les aumônes qu'ils pourroient , de
ceux qui s'abandonneroient à leur conduitte.
Pour cét effet , ils ont recueïlly tout ce que
l'Efcriture & les Peres ont de plus fort , afin de
perfuader l'obligation indifpenfable , que les
riches ont de faire de grandes aumônes. Ils
ont adjoûté les exemples des Saints qui ont
donné tous leurs biens aux pauvres , & les
avantages que les Chreftiens, & principalement les nouveaux Convertis & Penitens , en
reçoivent pour fatisfaire la Iuftice Divine , &
pour acquerir une fainteté extraordinaire. Ils
ont expofé avec beaucoup d'éloquence toutes
les raifons qu'ils ont peu inventer. Et parce
qu'ils ont voulu fuivant leur projet, difpofer
de cét argent, ils ont enfeigné que les meilleures aumônes & les plus agreables à Dieu font
celles qui font les plus fecrettes. De cette maniere on leur a confié des Sommes fi confide-
rables, qu'ils ont fait iufques icy des dépenfes
fort extraordinaires.

IX. MOYEN.

*Avoir recours aux Apologies pour fe défendre,
& traitter mal les Adverfaires.*

Leur doctrine eftant contraire à la Foy de
l'Eglife, ils ne douterent pas qu'elle ne fuft
combattuë d'infinité de gens. Si leurs ennemis eftoient Evefques ou grands Seigneurs,

ils trouverent meilleur de se tenir alors en repos, de ne point remuer, d'agir secrétement, & de se contenter de disposer peu-a-peu les Esprits. S'ils estoient de moindre condition que les Evesques, & s'ils ne les pouvoient gagner par leurs artifices; ils estimerent qu'il leur seroit licite de faire une exacte recherche de leur vie; de les menacer de les perdre de biens & d'honneur, & d'en venir aux effets, avec prudence, & de l'advis de tous les Sectateurs déclarez. Ils jugerent enfin que si tost qu'on les auroit choquez en leur doctrine ou en leur personne, ils devoient avoir recours aux Apologies; parce qu'elles feroient deux effets avantageux, l'un de rabaisser leurs adversaires, & l'autre d'élever des trophées sur leur ruine; l'un de les attaquer en leur attribuant les erreurs des Pelagiens ou des Semipelagiens, l'autre de defendre leurs opinions.

X. MOYEN.

Ruiner la reputation & l'authorité des Religieux.

Quelques ennemis cependant qu'ils peussent avoir, ils ne s'en representerent point de plus grâds que les Religieux. Ils considererent enfet, qu'ils ont dans tous les siecles defendu avec succez la Foy Orthodoxe contre les Heretiques: Qu'ils sont interessez sur tous les Chrétiens, en la conservation de la Religion & de la Monarchie Ecclesiastique: Que cultivant les plus severes Maximes de l'Evangile & les plus éminentes Vertus du Christianisme, ils sont d'ordinaire fort zelez pour la Vraye Foy:

Qu'eſtant dégagez des affaires ſeculieres , & ayant leur temps & leur loiſir reglez pour s'oc-cuper en l'eſtude des Sciences Divines , ils ſont plus ſouvent capables de repouſſer les Nouveautez, que les Gens du monde : Qu'ils forment des Corps qui ſont immortels, qui con-ſervẽt dans la ſuite des ſiecles le meſme Eſprit, qui ſont enfin répandus par tout le Chriſtianiſ-me: Et de cette maniere ils peuvent preſcher & écrire en toutes langues , en tous lieux , en tous temps contre toutes ſortes d'hereſies : Qu'ils gouvernent les conſciences de la plus grande partie des Chrétiens, qui ſuivent conſequem-ment leurs advis & leur doctrine : Qu'il eſt impoſſible de les porter , du moins Tous , à prendre les opinions nouvelles ; Les Supe-rieurs, & les Inferieurs meſmes qui ſont ze-lez pour l'Egliſe , ayant les yeux ouverts ſur la conduite & les ſentimens de leurs Freres: Qu'ils ont du pouvoir dans la Cour de Rome, & auprés des Roys & des Grands , & qu'ils uniſſent heureuſement les Puiſſances Eccleſia-ſtiques avec les Laïques , pour détruire les Nouveautez. De ces raiſons évidentes & certaines ils conclurrent, qu'il falloit perdre neceſſairement les Religieux , & ruïner ſans reſſource leur credit , & leurs fonctions dans l'Egliſe de IESVS-CHRIT ; Et que, com-me ils écrivent dans leur Lettre Circulaire à Meſſieurs les Diſciples de S. Auguſtin , *Si l'Inſtituteur des Calviniſtes n'eut abbatu l'or-gueil des Moines, & attaqué la doctrine gef-nante des œuvres de ſurérogation & des merites, qui ſont leur pain quotidien , il ne ſe fût jamais établi, comme il a fait ſi heureuſement : ils pou-voient, de meſme , prendre la meſme route.*

Or pour achever cette entreprise, ils demeu-
rerent d'accord, Qu'ils devoient oster aux peuples la trop grande confiance qu'ils ont aux Religieux, s'efforçant de leur persuader qu'ils ne
vivent pas selon leurs Regles : Que leurs
mœurs sont corrompuës : Que leur direction
est pernicieuse aux Ames : Que leur doctrine
est erronée sur la Predestination & la Grace:
Qu'ils ont introduit dans l'Eglise les abus qui
s'y commettent : Qu'ils méprisent les Curez,
les Prestres , & les Parroisses : Qu'ils ont usur-
pé la direction des Consciences & le Ministere
de la Predication , qui appartiennent aux Pre-
stres:Qu'ils ne sont point de la Hierarchie Ec-
clesiastique:Qu'ils sont vains, mondains, ambitieux, vindicatifs: Que quoy qu'ils semblent
se proposer dans leurs fonctions la gloire de
Dieu, ils la font neantmoins consister , pour
leurs interests , en des choses abominables.

Pour rendre ces moyens plus forts , ils resolurent de recuëillir , comme ils ont fait , tout
ce que l'on a écrit au deshonneur des Religieux , afin de s'en servir dans les rencontres,
De ruïner dás le cœur du peuple la veneration
qu'ils leur portent , les qualifiant du nom de
Pere ; De détruire la doctrine des merites par
les œuvres de surérogation , parce qu'ils l'e-
stiment le plus grand appuy & le principal fon-
dement de leur subsistance. De representer for-
tement aux Prestres seculiers , que tous les
soins des Reguliers ne tendent qu'à les tenir
dans la lie & l'opprobre du peuple; D'unir les
Prestres , afin qu'ils puissent faire Corps contre celuy des Religieux , & prendre la direction des consciences , & le Ministere des Predications, des Catechismes & des Missions; De

décrier auprés des Prélats, leurs Privileges &
leurs Exemptions ; De ſemer enfin des jalouſies
& des diviſions entre eux, pour les combattre
& les vaincre par leurs propres armes.

Quelque ſuccez neantmoins, que des moyens
ſi prudemment imaginez pûſſent leur promet-
tre, ils ſe perſuaderent que leurs efforts ſe-
roient inutiles, tandis que les Jeſuites ſubſi-
ſteroient. Les raiſons ſont : Qu'ils enſeignent
preſque toute la Jeuneſſe Chrétienne : Qu'ils
fourniſſent preſque ſeuls, les Ordres Reguliers
de Novices. Car on ne voit point ſortir, des
Colleges des Preſtres de l'Oratoire ny d'autres, de jeunes gens pour entrer dans les Cloi-
ſtres : Qu'ils enſeignent ſi heureuſement à leurs
Diſciples les principes de la Foy & les Veritez
Catholiques, qu'il eſt fort difficile de les per-
vertir : Qu'ils ont acquis enfin par leurs Livres, par leurs Predications, par leurs Claſſes,
par leur Direction, par leurs Miſſions, par
tous leurs Exercices Spirituels & Religieux,
une reputation aſſez illuſtre, pour avoir le cré-
dit de conſerver les peuples dans la Doctrine
Catholique. Ils adjoûterent à ces raiſons, que
ces Religieux font profeſſion de combattre de
toutes les manieres poſſibles les Heretiques, &
principalement les Modernes, qui s'en trou-
vent encore préſentement aſſez mal. Ce qui
porta l'Abbé de S. Cyran à prononcer cét Ar-
reſt contre eux, *Qu'il eſt de la derniere neceſſité de los ruiner ; ſi l'on veut rétablir la doctrine de S. Auguſtin, c'eſt à dire, comme j'ay re-
marqué, le Calviniſme.*

Pour parvenir à cette fin ſi importante
pour l'accompliſſement de leurs deſſeins, Ils
ont écrit d'abord contre leurs Claſſes, contre

leur maniere d'enseigner, contre leurs Profeſ-
ſeurs: ils leur ont attribué le Negoce, & pluſieurs choſes, qui ſembloient eſtre ſuffiſantes,
pour les rendre odieux au peuple; Ils ont tâché d'allumer l'envie dans le cœur des autres
Religieux contre eux: Ils ont blaſmé le plus
artificieuſement du monde leurs Livres, leurs
Predicateurs, leurs Theologiens, tous leurs
Auteurs, leur converſation & leur conduitte
ſpirituelle. La fauſſeté pourtant de ces ſup-
poſitions ayant eſté bien-toſt reconnuë au
grand deſ-honneur des accuſateurs, ils ont eu
recours à la ſubtile Politique du fameux Mini-
ſtre du Moulin. Cét eſprit auſſi riche en in-
ventions qu'en bouffonneries, fit autrefois un
recuëil des opinions les moins ſeveres des Ca-
ſuiſtes Catholiques, pour perſuader à ſes Sectateurs la corruption & la mauvaiſe doctrine
de l'Egliſe Romaine. Les Ianſéniſtes ont de
meſme écrit avec un incomparable artifice
contre la Morale des Ieſuites: Et quoy que
les Sçavans qui ont conſulté les Livres de ces
Religieux pour juger plus ſeurement de la ſincerité ou des fourbes des Ianſeniſtes, ayent
découvert leur mauvaiſe foy & leurs étranges
impoſtures: Toutefois les peuples ont eſté per-
ſuadez dans les Villes, où ces Peres n'ont point
de Maiſons ny d'habitude, que leur Morale eſt
trop relaſchée & leur conduite ſpirituelle trop
accommodante. Les Prelats meſme & les Curez, ſoit par envie ou autrement, ont fort ay-
dez les Ianſeniſtes à achever cette entrepriſe,
& quelques uns ne peuvent encore aujourd'huy
s'empeſcher de faire éclatter leur hayne contre eux: Tant ces nouveaux Heretiques ont
ſubtilement engagez dans leurs intereſts ceux

là mefmes, qui devoient les mettre à cou-
vert fous leur protection , pour étouffer p'u.
facilement les herefies naiffantes de Ian fenius

XI. MOYEN.

*Eluder la condamnation de leurs herefies , par
les trois Sens , & par la Question du Droict
& du Fait , & inferer leur doctrine dans les
Traductions de quelques Ouvrages des Saincts
Peres.*

Comme Dieu veille inceffamment fur fon
Eglife , tous les artifices des Ianfeniftes n'ont
pas empefché que les Papes Innocent X. &
Alexandre VII. n'ayent condamné leurs erreurs. Voulant felon leur Maxime Fonda-
mentale , demeurer exterieurement dans la
Communion des Catholiques , ils ont efté con-
traints, pour éviter la force des foudres du Va-
tican , d'avoir recours à leurs addreffes ordinaires. D'abord ils donnerent *trois fens* aux propofitions condamnées , & foûtinrent qu'elles
n'eftoient pas condamnées dans le fens de Ianfenius, pour le garentir avec eux-mémes de la
tâche honteufe de l'herefie , & pour retenir
dans leur party , comme ils firent , ceux qu'ils
avoient gagnez auparavant, & qui eftoient
dans les termes de les abandonner.

Mais cette première defenfe ayant efté ren-
verfée par la Conftitution d'Alexandre VII.
Ils ont propofé fort fagement la Question *du
Droict & du Fait* , & advoüant que le Pape
pût juger & definir infailliblement dans le
Droict les Matieres de Foy , ils ont defavoüé
fon Infaillibilité dans les Matieres de Fait.

Deforte qu'ils veulent bien condamner, & recevoir pour condamnées les Propositions entenduës felon leur fens naturel, en quelque Auteur qu'elles fe trouuent ; Mais ils pretendent qu'elles ne font pas dans le Livre de Ianfenius, & partant que les Papes fe font trompez.

Pour donner plus de force à cette feconde defenfe, ils ont reffufcité la Secte des Richeriftes de Sorbonne, contre l'Infaillibilité du Pape en matiere de Foy, quand il s'agit du Fait : Ils ont, auffi, tâché de rendre fufpecte aux Souverains & odieufe aux Peuples, fon autorité fpirituelle fur l'Eglife Vniverfelle de Issus-Christ; s'éfforçant de prouver par des raifonnemens faux & trompeurs, qu'il étendroit enfin fa fouveraineté fur le temporel des Roys.

Mais comme ils n'ofent préfentement défendre ny publier ouvertement leurs opinions, aprés qu'elles ont efté fi folemnellement condamnées par l'Eglife ; Ils fe font advifez par une politique bien fine, de traduire en François quelques Ouvrages de SS. Peres qui femblent les favorifer, & d'y inferer adroitement les propofitions condamnées, afin que les Lecteurs les reçoivent fans y faire reflexion, & que ceux qui n'entendent ny le Grec ny le Latin, croyent que ces Peres ont efté dans les fentimens des Ianfeniftes. Le fçavant & le judicieux Auteur des Lettres à une Abbeffe de Cifteaux à découvert cette nouvelle rufe, & prévient par fes juftes cenfures fes pernicieux effects.

Si vous prenez la peine, Monfieur, d'obferver avec quelque attention l'admirable Politi-

que de ces Meffieurs les Novateurs , Vous ne
ferez plus furpris , je m'affeure , s'ils ont trom-
pés fi facilement tant de Catholiques dans la
France & ailleurs , & s'il eft prefque impoffi-
ble d'éviter leurs pieges , & de ne devenir pas
heretiques lorfque l'on penfe devenir bons
Chrétiens par le fecours de leur direction.

Mais quoy qu'ils ayent fait pour établir
leurs opinions , ils n'ont point eu de plus heu-
reux fuccez que dans la Sorbonne. Comme
l'on y enfeigne la Theologie , ils l'ont enfin
infectée de leurs dogmes , & ils répandent par
fon moyen, leur poifon dans tout le Royaume.

L'ESTAT PRESENT

DE LA

SORBONNE

DE

PARIS.

A

MONSIEVR

LE CHEVALIER

DES

TROISPONTS.

Pour prouver ce que ie viens de dire,

QVE LA SORBONNE EST
infectée du Ianfenifme:

Il eſt neceſſaire de prendre la choſe un peu
de plus haut.

PREMIERE PREVVE,

Qui ſert d'introduction aux ſuivantes.

IE vous prie donc, MONSIEVR, de remarquer qu'en l'an 1617, Corneill Ian-
ſenn, Hollandois, depuis Euefque d'Ipres
en Flandre, & Iean de Hauane du Verger,
Bayonnois, depuis Abbé de S. Cyran en Berry,

jetterent les fondemens de leur amitié, & concerterent ensuite leur dessein : Et que depuis ce temps-là ils travaillerent à son achevement l'un dans l'Vniversité de Louvain, l'autre en celle de Paris. Le dernier attira d'abord à son party les trois Freres Arnauds, sçavoir les Sieurs d'Andilly, le Docteur, & l'Abbé de S. Nicolas, maintenant Evesque d'Angers; De plus, le Sieur le Maistre Advocat au Parlement, leur Neveu; Leurs Sœurs, Relegieuses du Port-Royal; & plusieurs jeunes Bacheliers & Docteurs, entre lesquels ie n'estois pas le moins zelé, que la nouveauté conduisit dans ses pieges.

Cette peste, qui se glissoit secrètement dans les Esprits, éclatta enfin & devint si familiere sous l'autorité prétenduë de S. Augustin, que le Sieur de sainte-Beuve Professeur de Theologie, la communiqua à un grand nombre d'Auditeurs, qui prenoient ses Escrits, & qui assistoient à ses Leçons publiques. Ainsi les Iansenistes commancerent à corrompre dans sa source la Doctrine de la Sorbonne : & comme l'eau qui coule d'une fontaine empoisonnée, porte avec soy les qualitez mortelles du poison : De mesme nous avons retenu les premieres Instructions de nos Maistres. Et en effet, les hommes conservent d'ordinaire les premieres impressions qu'ils ont receuës en leur jeunesse : Ils se lient étroittement aux premiers principes qu'ils ont appris, lors principalement que les principes contraires sont estimez faux & ridicules : Lorsque la Doctrine qu'on leur a enseignée concerne la Religion : Lorsque les Maistres qui en font profession, condamnent leurs Adversaires de grands defauts;

dont les effets ne peuvēt estre que lamentables.
Lors qu'ils sont persuadez que ces veritez pré-
tenduës sont celles là mesmes, que le S. Esprit
à revelées dans l'Ecriture Sainte, & que les SS.
Peres ont déclarée en leurs Ouvrages. Deplus,
ils se persuadent que ceux qui les embrassent,
acquierent la reputation de gens spirituels,
habiles, curieux, charmans en leur conversa-
tion. La contention qui commet alors les par-
ties opposées, anime aussi leur industrie &
leur ambition, à défendre leur nouvelles opinions. La hayne contre leurs ennemis s'allu-
me en leurs cœurs, & enflame dauantage leur
faux zele. Les applaudissemens qu'ils reçoivent de leurs amis, & qui s'augmentent de
plus en plus, leur enflent le courage. Ils espe-
rent, enfin, que la gloire de leur nom sera
immortelle, pour avoir formé une celebre Dis-
pute de Religion entre les anciens Catholiques & les nouveaux Sectateurs. Ces raisons
me sembloient estre si fortes & si persuadan-
tes, que ie ne m'étonne pas de mon engage-
ment, ny de celuy de mes Condisciples. Aussi
est-ce de cette maniere que les Novateurs ont
accoûtumé de séduire les Catholiques; Calvin
m'en fournit une preuve commode à mon sujet. Estant de retour d'Allemagne en France,
il se retira à Bourges environ l'an 1533. & com-
mença à prescher à Asnieres qui est un Bourg
distant de cette Ville-là environ d'une lieüe
& demie, & qui conserve encore aujourd'huy
l'heresie qu'il y établit. Comme il avoit toutes les apparences d'un Prestre bien reformé,
ainsi qu'ont maintenant les plus fins Iansenistes, il gagna facilement l'amitié & la confiance d'un Corps de jeunes Ecclesiastiques, &

il imprima si profondément en leurs ames ses
erreurs sous prétexte de reformer leurs mœurs
& de leur apprendre des secrets nouveaux dans
la vie spirituelle, que quelques années aprés,
ayant esté condamné par l'Eglise, Tous ex-
cepté se plus ancien, prirent la defense de ses
heresies, accuserent le Pape d'injustice, & le
suivirent enfin en sa retraitte à Genéve. Si
Messieurs l'Abbé de S. Cyran, les Arnauds, le
Maistre & de Sainte-Beuve, eussent pris aussi
bien la routte, qu'ils ont pris la doctrine de
Genéve; ie ne sçay pas si leurs Disciples de
Sorbonne les eussent accompagnés, mais ie
sçay bien qu'ils conservent fidelement le dé-
post des opinions de leurs Maistres : Ceux qui
n'en sont pas aussi certains que ie le suis, en
pourront estre convaincus par les preuves sui-
vantes, que je tire de la parfaite conformité,
qu'ils ont avec les Iansenistes.

II. PREVVE.

Et premierement, Qui ne sçait que les Iansenistes enseignent des heresies, puisque leur
doctrine est condamnée comme heretique, &
que leurs Livres sont defendus, comme le sont
ceux des Lutheriens & des Calvinistes ? Il est
pareillement vray que les nouveaux Sorbonistes approuvent, favorisent, & protegent
leurs erreurs. Le Sieur R. qui s'est caché sous
le nom de Montalte, le dit ouvertement dans
sa premiere Lettre à un Provincial, *pag. 2.* de
l'Edition de Cologne 1657. en ces termes:
Lorsqu'on examina en Sorbonne la seconde
Lettre du Sieur Arnaud, *Soixante & onze Docteurs entreprirent sa défense.* Et dans sa troi-

ziéme Lettre, *pag.* 37. *Les Examinateurs se
font délivrez par là*, dit-il, *de l'importunité
de ces fâcheux Docteurs, qui prenoient plaisir
à refuter toutes leurs raisons; à produire les Livres pour les convaincre de fausseté; à les som-
mer de répondre; & à les reduire à ne pouvoir
repliquer.* Et un peu aprés: *Ils croyent assez*,
continuë-t-il, *que ceux qui ne font pas duppes,
considerent pour le moins autant le jugement de
70. Docteurs, qui n'avoient rien à gagner en
défendant M. Arnaud, que celuy d'une centaine
d'autres, qui n'avoient rien à perdre en le
condamnant.* Or si soixante & onze Docteurs
défendent les heresies du Sieur Arnaud, qui est
maintenant le Chef des Iansenistes: S'ils les
defendent dans les plus celebres assemblées de
la Sorbonne: S'ils cherchent dans les Auteurs
des autoritez pour les défendre: S'ils les défendent par les raisonnemens, & par la refuta-
tion des raisonnemens contraires, jusqu'à
prétendre mesme convaincre de fausseté les
Docteurs opposez, & leur imposer le silence:
N'est-il pas seur de conclurre qu'ils sont fort
persuadez de ces heresies? qu'ils y sont attachez obstinément? Qu'ils les protegent comme leur propre doctrine? Puisque, deplus, ils
aiment mieux s'exposer aux anathemes des Papes, & à l'indignation du Roy, qui commande
qu'on les censure, que de les abandonner,
& de souffrir que la plus saine partie de la Sorbonne les condamne.

Ne faut il pas adjoûter à ce nombre les quinze Docteurs, que Montalte, en sa Lettr. 1.
pag. 3. appelle *Indifferens* ? Car n'estant point
pour les Catholiques, ils estoient consequem-
ment pour les Iansenistes: Il n'y a point de

neutralité à prendre dans la Religion, & selon
la parole infaillible de Iesus-Christ,
Celuy qui n'est pas avec luy, dans cette rencon-
tre, est necessairement contre luy : L'on ne peut
garder un milieu entre la Foy & les dogmes
directement opposez à la Foy. Pourquoy donc
ces prétendus *Indifferens*, ne prenoient-ils pas
le party du Clergé, du Roy, du Pape, de
toute l'Eglise, pour défendre la Foy, selon
l'obligation que leur en impose le serment de
Docteurs, sinon parce qu'ils estoient dans les
sentimens & les interests des Iansenistes ? De
sorte que si nous contons bien avec Montalte,
Voila quatre-vingt & six Docteurs de Sorbonne infectez du Iansenisme.

III. PREVVE.

Secondement ils ont approuvez les Livres
des Iansenistes, qui contiennent leurs erreurs
contre la Foy. Il est aisé de le montrer par le
denombrement de quelques uns. Témoin le
Livre de la Virginité, que le P. Seguenot de
l'Oratoire, a fait contre les Vœux des Religieux. Ce qui porta Monsieur le Cardinal de
Richelieu, qui estoit asseurement le vray Defenseur de la Foy, de le faire conduire dans la
Bastille, comme il y fit mettre, aussi, l'Abbé
de S. Cyran. Les Sieurs Gerbais & A. Favre
Docteurs de Sorbonne ont approuvé le 14.
d'Avril 1663. le Livre de la Messe Paroissiale
de M. Estienne Guerry, Docteur en Theologie & Curé de sainte Opportune à Poictiers,
imprimé à Niort par François Bouhault.
1664. Qui enseigne, pag. 200. *Que Messieurs*
les Curez sont d'institution divine, pour avoir

la mesme autorité dans leurs Paroisses, que le Pape a sur toute l'Eglise universelle, & les Evesques ont dans leurs Dioceses. (Ainsi ils seroient égaux en autorité aux Evesques & au Pape : Est-il vray ?) *pag.* 203. *Que les Curez ne peuvent estre destituez par le Pape, leur estat estant égallement essentiel à l'Eglise ; Qu'ils ne sont pas moins membres essentiels de l'Eglise, que le Pape en est le Chef.* Les Papes ont neantmoins déposez des Evesques : les Curez en sont-ils plus independans ? Et si la Primauté & le Caractere du Pape estoient abolis, nous n'aurions plus la mesme Eglise, puisque IESUS CHRIST l'a instituée sous un Chef visible, qui est son Lieutenant en terre : mais s'il n'y avoit plus de Curez, seroit-elle détruite ? *pag.* 208. *Que l'Eglise Parroissiale est* SEULE *l'Eglise instituée de* IESUS, *pour y recevoir la doctrine de l'Evangile & les Sacremens.* Le Pape & les Evesques ne pourroient donc pas permettre qu'on les reçeut en d'autres Eglises. Mais les Docteurs Catholiques en sont-ils d'accord ?

Les Sieurs Grenet & N. Petitpied ont approuvé le 6. d'Octobre 1663. la Traduction de plusieurs Sermons de S. Bernard, que les Iansenistes ont corrompus en deux Passages, pour renouveller adroittement leurs heresies. Le 1. est dans la *pag.* 138. §. 6. Sermon 20. *Erat,* dit ce Pere, *totâ animâ doctus, sed adhuc infirmus ; bene instructus, sed parùm adiutus.* Il parle de S. Pierre : *Il avoit l'ame toute remplie de la science d'aimer* IESUS-CHRIST, *mais il estoit encore infirme en cét amour ; il estoit bien instruit, mais peu aidé.* Le Traducteur dit : *Il ne manquoit pas de connoissance, mais il manquoit de secours.* Ces dernieres paroles

(*Il manquoit de Secours*) contiennent l'hereſie condamnée dans l'une des cinq Propoſitions , & cenſurée en la ſeconde Lettre du
Sieur Arnaud , l'an 1656. Le 2. eſt dans la
pag. 180. Sermon 30. au commencement. *Eſt
charitas in actu , eſt & in affectu : Et de illa qui-
dem quæ operis eſt , puto datam eſſe legem homi-
nibus mandatumque formatum. Nam in affectu
quis ita habeat ut mandatur ?* Il y a une charité, dit le Ianſeniſte , *qui eſt dans l'affection,
& une autre qui eſt dans l'action : & il croy que
c'eſt touchant la premiere , qu'une Loy a eſté
donnée aux hommes , & qu'on en a formé un
Commandement.* Car qui peut avoir l'autre
dans la perfection que deſire ce precepte ? Cette
traduction eſt infidele, & fait des hereſies.
1. Elle change l'Ordre de S. Bernard , qui
met dans le premier rang la charité d'action,
& dans le ſecond la charité d'affection. 2. De
l'ordre que le Traducteur y met , il s'enſuit
que le commandement de la charité d'action
eſt impoſſible, & qu'ainſi il y a quelques Commandemens de Dieu qui ſont impoſſibles : Ce
qui eſt condamné dans l'une des cinq Propoſitions.

Les Sieurs Boiſſeau & A. Favre ont approuvé le 11. Avril & 2. Iuillet 1664. Le Livre de
la Perpetuité de la Foy touchant l'Euchariſtie,
& neantmoins l'Auteur, que l'on croit eſtre
le Sieur Arnaud , attribuë à S. Auguſtin une
horrible hereſie. C'eſt en la pag. 118. qui com-
mance par ces mots *connoiſſent tres-clairement.*
de l'impreſſion de Savreux , 1664. *Il eſt* , dit-
il , *au pouvoir des hommes de pecher* (dit ſaint
Auguſtin) *Mais il n'eſt pas en leur pouvoir de
faire tel ou tel peché : C'eſt Dieu qui regle*

ceux qu'il doit permettre , & ceux qu'il doit
empescher , en ordonnant les tenebres. Voicy les paroles tirées du Livre de la Predestination des Saints , Chap. 16. *Est ergo in*
potestate malorum peccare : Vt autem peccando,
hoc vel hoc illâ malitiâ faciant : non est in eorum
potestate , sed Dei dividentis & ordinantis tene-
bras. C'est à dire , *Il est donc au pouvoir des mé-*
chans de pecher ; mais qu'en péchant ils fassent
par cette malice cela ou cela , il n'est pas en leur
pouvoir ; mais en celuy de Dieu qui divise & or-
donne les tenebres. Ce S. Pere ne parle que des
effects qui suivent du peché des Méchans, &
il dit que Dieu dispose de ces effects , pour en
tirer le bien qu'il luy plaist. L'Auteur de la
Perpetuité luy fait dire , que Dieu regle , ou
détermine les pechez que les hommes commettent : De plus , *Qu'il n'est pas en leur pou-*
voir de faire tel ou tel peché : Il faut donc , selon luy , que Dieu leur donne ce pouvoir : Il
veut donc que Dieu soit l'Auteur du peché,
comme Calvin l'a enseigné.

Ie laisse les autres Livres pernicieux qu'ils
ont approuvez , pour faire ce raisonnement.
Lorsque les Sorbonistes ont approuvé les Livres des Iansénistes , ils ont connu leurs erreurs : Car on ne peut pas accuser d'ignorance
des Docteurs si celebres: Ils ne les ont pas approuvées entant que Docteurs Catholiques; ils
les eussent au contraire condamnées : Ils les
ont donc approuvées entant que Docteurs Iansenistes : Il n'y a point de milieu , comme i'ay
prouvé. Qne si Messieurs de Sorboene répon-
dent que tous les Docteurs de leur Faculté
n'ont pas donné ces approbations: Ie leur re-
pliqueray qu'ils y consentent : Puisqu'autre-

ment ils ont dû les des-avoüer ; ainsi qu'ils ont au commencement du Iansenisme, des-avoüez, condamnez, & privez mesme de leur Doctorat, les Sieurs Arnaud & de Sainte-Beuve.

IV. PREVVE.

En troiziéme lieu, ils n'ont pas censurez les Livres & les Traductions, où les Ianseniftes ont fait couler subtilement leurs hereses. Il suffira d'en remarquer quatre entre plusieurs qu'ils ont épargnez. Le 1. Les Heures ou Prieres, qui ont esté imprimées 15. ou 16. fois, & censurées à Rome : Et où ces Heretiques oftent à IESUS CHRIST dans les Hymnes, la qualité de Redempteur de tous les hommes. Ils ont traduit le Verset du Psal. 138. *Mihi autem nimis honorificati sunt amici tui, Deus : nimis confortatus est principatus eorum*, selon la Version de Beze, de l'impression deSedan 1623. *O combien me font pretieux tes conseils ! dit cét Heretique : O combien d'iceux la somme est forte à projetter ! Car si je les veux tous conter, il s'en trouvera davantage, que de Sablon sur le rivage.* Et les Ianseniftes, *pag.* 199. *O Dieu Tout-Puiffant, disent-ils, que la sublimité de vos œuvres & de vos pensées m'est pretieûse, & que leur nombre me paroist immense! Si je les veux conter, je trouve qu'elles font plus innombrables que le sable de la mer.* Ils ont abandonné cette Version de l'Eglise & des SS. PP. (*Tes amis, ô Dieu, me sont faits merveilleusement honorables : leur principauté est grandement confirmée*) parce qu'elle fert à prouver l'honneur que les Catholiques rendent aux Saints Bien-heureux.

Dans la *pag.* 332. Ils renouvellent quelques

unes des cinq Propoſitions condamnées, quand
ils diſent ; *Nous vous offrons (à Dieu) nos*
Prieres, afin que vous convertiſſiez (les hommes
dont ils parlent) par la force invincible de Vôtre
Eſprit, à qui nulle liberté de l'homme ne reſiſte,
lorſque vous les voulez ſauver. Ces paroles
contiennent le meſme ſens que celles-cy : *Que*
jamais on ne reſiſte à la Grace interieure : Que
l'homme n'a pas la liberté exempte de neceſſité,
mais ſeulement de contrainte : Que Dieu a une
volonté abſoluë & antecedente au conſentement
de la volonté de l'homme predeſtiné, & qu'il luy
impoſe la neceſſité de conſentir.

Pour ſéduire les Lecteurs, ils attribuent ces
hereſies à ſaint Auguſtin Livre 4. à Boniface,
Chap. 9. qui n'en dit rien : Voicy ſes termes :
Quid ergo petimus, niſi ut fiant ex nolentibus
volentes, ex repugnantibus conſentientes, ex op-
pugnantibus amantes ? A quo, niſi ab illo de quo
ſcriptum eſt : præparatur voluntas a Deo ? Diſ-
cant ergo eſſe Catholici, qui dedignantur, ſi quid
mali non faciant & ſi quid boni faciunt, non in
ſe ipſis, ſed in Domino gloriari. Que deman-
dons-nous donc ſinon que de non voulans ils
ſoient faits voulans, de repugnans conſentans,
de combattans aimans ? Par qui, ſinon par celuy
duquel il eſt écrit : La volonté eſt préparée par
Dieu ? Que ceux-là apprennent donc à eſtre Catholiques, qui dédaignent de ſe glorifier non en
eux-meſmes, mais au Seigneur, s'ils ne font
point de mal, & s'ils font du bien.

Le 2. Les Lettres de Montalte à un Provincial : Cét Eſprit enjoüé tourne en ridicules la
Cenſure de la ſeconde Lettre du Sieur Arnaud, la Grace ſuffiſante, & les principes de la
Morale ; & il répand pluſieurs hereſies dans

tout cet ouvrage, qui a esté condamné à Rome, le 6. Septembre 1657. & bruslé par Arrest du Parlement d'Aix. Le 3. Le Sommaire des Declarations des Curez &c. par M. Iean Rousse Docteur & Curé de Paris, censuré à Rome le 50. Iuin, 1659. Le 4. Le Recueil de diverses pieces concernant les Censures de la Faculté de Theologie à Paris, imprimé à Munster, 1666. rempli d'heresies, & d'invectives contre les Papes, comme nous verrons plus bas, & condamné au feu, par Arrest du Parlement de Paris, du 19. May, 1666.

En quatriéme lieu, ils ont censurez au contraire les Livres des Catholiques qui ont écrit contre les Iansenistes. Ie n'en veux apporter pour preuve que le Sieur Iacques de Vernant, qui défend l'autorité Spirituelle des Papes contre les erreurs du temps; par les textes formels de l'Escriture, des premiers Conciles Generaux de l'Eglise, des SS. Peres, des Docteurs Orthodoxes, & par les raisonnemens de Theologie, avec tant de solidité, de clairté, de fidelité dans ses citations, qu'il n'est point d'homme raisonnable qui ne soit convaincu de la verité.

Aprés avoir fait ces remarques, Ie demande pourquoy les Sorbonistes, qui font profession de censurer les Livres contraires à la Foy & aux bonnes mœurs, n'ont pas neantmoins censuré les Livres & les Traductions corrompuës des Iansenistes? Ils ne peuuent estre ou que leurs amis, ou que leurs ennemis, ou que neutres. Ils ne sont pas leurs ennemis: S'ils l'étoient, ils abbatroient par mille Censures leurs heresies. Ils ne sont pas Neutres: Ils ne le peuuent estre, puisque, comme i'ay dit, il n'y a

point de neutralité à prendre entre la Foy &
l'heresie : Et véritablement s'ils l'estoient, ils
n'approuveroient pas leurs Livres, comme ils
ont fait, & ne traitteroient pas si mal les ouvrages de leurs adversaires. Ils sont donc leurs
amis. Et de vray, la parfaite amitié, dit excel-
lemment saint Ierôme, engage les hommes à
vouloir ou à ne vouloir pas les mesmes choses:
*Eadem velle & eadem nolle, ea demum firma
amicitia est. Epist. ad Demetriad.* Elle inspire
aussi le soin, comme parle S. Chrysostome, de
connoistre parfaitement les affaires des amis:
elle porte à defendre avec ardeur leurs interests : Elle veut enfin leur faire tout le bien pos-
sible, & ne peut souffrir qu'on leur fasse nul
mal. *Qui amant, ij plus quàm ceteri omnes eorum facta norunt, vt qui de ijs ipsis sunt soliciti.
S. Chrysost. præfat. in Epist. S. Pauli.* Les Sorbonistes n'orbservent-ils pas religieusement les
Loix d'une si belle amitié ? Et n'ont-ils pas
obligé genereusement les Iansenistes dans l'af-
faire de leur Chef le Sieur Arnaud, comme
nous avons appris des lettres de Montalte, ci-
tées en la seconde preuve ? De plus, comme l'a-
mitié nous imprime facilement la hayne, que
nos amis ont contre leurs ennemis, & qu'elle
unit ensuitte nos desseins & nos forces, pour
combattre & pour détruire les adversaires: Ne
faut-il pas confesser que les Sorbonistes sont
étroitement liez auec les Iansenistes, & qu'ils
ont les mesmes desseins, puisque, comme nous
avons veu, ils combattent conjointement leurs
ennemis, en censurant les Livres des Catholiques qui leur sont opposez ? *Quales amicos
quisque habet, talem sciat,* dit vn Ancien.

V. PREVVE.

Pour fortifier ce raisonnement, j'adjoûte une nouvelle conformité des Sorboniftes avec les Ianfeniftes. Ceux-cy tafchent de ruiner les Souverains Pontifes, en élevant deux Chefs fur le thrône de l'Eglife, en méprifant leurs Conftitutions, en combattant leur Infaillibilité dans les decifions de Foy, en publiant mille calomnies contre eux. Les Sorboniftes fe font pareillement declarez ennemis du Pape, & ont donné plufieurs preuves de leur hayne. La premiere eft prife de leurs Propofitions touchant fon authorité : Ie m'arrefte feulement a la fixiéme, par laquelle ils dépoüillent le Pape de l'Infaillibilité dans les decifions de Foy dont IESUS-CHRIST la reuétu. *Ce n'eft*, difent-ils, *ny la doctrine ny le dogme de la Faculté, que le Souverain Pontife foit infaillible, fans qu'aucun confentement de l'Eglife y intervienne.* Ils font bien d'accord là deffus avec les Ianfeniftes. La feconde eft tirée de leur Cenfure contre le Livre du Sieur Vernant. Ce Docteur vrayement Catholique enfeigne, 1. Que le Pape eft infaillible dans les decifions de Foy. Epift. Dedic. & pag. 254. 2. Qu'il n'y a aucune autorité inférieure à celle de Dieu, qui puiffe réftraindre fon pouuoir, pag. 110. 3. Que s'il n'eftoit pas infaillible dans les matires de Foy, il ne faudroit plus dire que nous croyons en la fainte Eglife, Catholique, Apoftolique & Romaine. pag. 247. 4. Que les Decrets dés Conciles Generaux doivent eftre confirmez par le Pape; parce qu'ils ne reçoivent pas leur Iurifdiction immediatement

de Dieu, mais par les mains de S. Pierre & de
ses Successeurs. *pag.* 358, 721, 724. 5. Que
le Pape juge en dernier ressort des causes Ma-
jeures ou questions de la Foy, & qu'il n'y a
point d'appel de ses jugemens. *pag.* 100, 244,
279, 418. 6. Que Jesus-Christ a
donné à S. Pierre & à ses Successeurs toute
l'autorité, qu'il a receuë de son Pere pour
gouverner l'Eglise, en ce qui appartient à ce
gouvernement. *pag.* 53, 128, 143, 145. 7. Que le
Pape peut deleguer sa jurisdiction, & faire telle
part qu'il luy plaira, des fonctions de Pasteur
en tous les Dioceses de tous les Evesques, sans
rechercher leur consentement. *pag.* 365, 366.
Les Sorbonistes appellent en leur Censure: La
1. proposition, temeraire, scandaleuse, heretique: La 2. fausse: La 3. fausse, temeraire,
scandaleuse, perilleuse en la Foy: La 4. fausse:
La 5. fausse & derogeante à l'autorité des
Conciles: La 6. scandaleuse & blasphematoi-
re: La 7. contraire au droict commun, temeraire, & tendant à la destruction de l'Eglise.
Qu'elle aigreur contre les Papes! Qu'elles at-
taques contre la Monarchie Spirituelle de l'E-
glise! Cependant le sçavant Defenseur de M.
de Vernant oppose à cette Censure, en son Livre *De la Doctrine Ancienne des Theologiens de
Paris*, la vraye Doctrine & les paroles formel-
les des Conciles Generaux de Nicée 1. d'Ephe-
se; de Calchedoine; de Nicée 2. de Constan-
tinople 4. de Florence, & des autres. Il oppose la pratique des premiers siecles, & les té-
moignages des SS. PP. Irenée & Cyprien,
Evesques & Martyrs; Cyrille Patriarche d'A-
lexandrie, Epiphane, Augustin, Optat, Ter-
tulien, & d'autres en grand nombre. Il oppose

les

les Constitutions des Papes qui ont gouverné
l'Eglise dans les premiers siecles. Il oppose les
sentimens exprimez clairement & sans ambi-
guité, des SS. Thomas & Bonaventure ; du
Cardinal Turrecremata, & d'autres ; de Pierre d'Alliac grand Maistre de Navarre , & depuis, Archevesque de Cambray , de M. de Ra-
conis Evesque de la Vaur , de Henry de Gand,
de M. Bail encore vivant , de Mauclerc , Du
Val , Almaïn , Isambert , Gamache , & d'infinité d'autres anciens Theologiens , tous Docteurs de Sorbonne , dont les Livres sont approuvez par plusieurs de la mesme Faculté, qui
n'ont pas donné leurs Ouvrages au public. Il
cite & interprete fidelement leurs textes ; il ex-
pose clairement leurs raisons ; il adjoûte enfin
tous les Decrets & toutes les Censures de cette
Academie contre les Heresies contraires à la
Doctrine Catholique touchant l'Autorité spirituelle des Papes , qu'il enseigne avec M. de
Vernant. De sorte que je ne voy pas comment
les Sorbonistes peuvent luy répondre , s'ils
n'ont le secret de prouver , que la verité est
mensonge & la Foy heresie , & que le mensonge est verité & l'heresie la Foy Orthodoxe.

Dans le Recueil des diverses pieces , imprimé à Munster 1666. dont i'ay déja parlé,
leurs emportemens sont excessifs contre Alexandre VII. & sa Bulle , par laquelle il condamne leurs Censures contre M. de Vernant &
Amadeus Guymenius. I'ay dit *leurs Emporte-*
mens. Car ils reconnoissent & ils marquent
évidemment qu'ils sont les Auteurs de ces
Ecrits , par ces paroles de N O V S , qu'ils repetent vingt & une fois dans les pages 126. 127.
138. 142. 143. 144. 150. 151. Et de N O S,

E

CENSVRES , dont ils ufent huit fois dans les
pag. 116. 119. 138. 142. 144. 145. 146. 147.
Ioint que n'ayant pas defapprouvé ce furieux
Libelle par une Cenfure autentique , ils ne per-
mettent pas de douter qu'ils le protegent, comme leur propre ouvrage. Ie ne puis tranfcrire
fans horreur leurs injures côtreAlexandre VII,
pag. 97. ils appellent fa Bulle *la chofe du monde
la plus monftrueufe qu'on ait iamais venë dans
l'Eglife Catholique :* Ils difent & s'efforcent de
prouver , Qu'elle eft *temeraire ,* pag. 100 , 101.
Qu'elle eft *prefomptueufe ,* pag. 101. Qu'elle eft
fcandaleufe , pag. 102. 103. Qu'elle eft *injufte
& remplie de Nullitez ,* pag. 123. Qu'elle eft *ap-
puyée fur des principes manifeftement heretiques,*
pag. 101. Qu'elle *autorife des herefies manifeftes,*
pag. 123. Qu'on *la peut avec raifon accufer &
condamner d'herefie ,* pag. 104. Qu'elle *tend à
détruire toute l'Eglife ,* pag. 113. Qu'on *ne peut
la recevoir fans un renverfement general de toute
l'Eglife , & fans une abjuration entiere de toutes
les Maximes Capitales de l'Evangile ,* pag. 123.
Qu'*Alexandre VII. s'attend temerairement à
l'infpiration de Dieu ,* pag. 100. *Qu'il a commis
des nouvelles erreurs , comme il en avoit defia
faites de vieilles ,* pag. 107. *Qu'il a fait une fup-
pofition fauffe & calomnieufe contre la Faculté,*
pag. 138. Qu'il a fait fa Bulle *fans difcuter, fans
examiner , fans mefme voir les Cenfures de la
Faculté ,* pag. 130. Quoy que le Pape affeure le
contraire dans fa Bulle, *habitis ,* dit-il , *priùs
doctiffimorum &c. confultationibus. Que fon Infaillibilité eft purement chimerique , & ne peut
eftre qu'un inftrument de Politique & de Cabal-
les pour tromper les ignorans & les Efprits foibles,
& pour exercer une domination injufte fur les*

peuples, &c. pag. 131. (Ils continuent dans les
pag. 108, 135. &c. Enfin ils accusent *d'erreurs
& d'heresies* les Papes Honorius, Iean XXII.
&c. pag. 140. &c. Ils repetent les mesmes ac-
cusations dans l'Apologie de leurs Censures,
approuvée par sept Docteurs de leur Faculté;
Et, ce qui est bien étrange, ils les ont prises
dans les Livres des Lutheriens, des Protestans,
des Calvinistes, quoy que les solides Réponses
que M. le Cardinal du Perron, & le R. P.
Coëffeteau y ont faites, en prouvent invinci-
blement la fausseté. Aprés quoy on ne peut
nier que les Sorbonistes ne surpassent en cette
hayne leurs Maistres. Car les Ianfenistes ont
traitté plus moderément les Papes Innocent X,
Et Alexandre VII. & leurs Constitutions contre leurs heresies. Du Moulin mesme, Fils du
fameux Ministre de ce nom & Chanoine de
Cantorberie, est beaucoup plus reservé dans
son *Discours d'un Bourgeois de Paris*, sur la Le-
gation de M. le Cardinal Chigi, imprimé à
Londres, 1665. Il n'est point de sincere Catholique, qui ne soit facilement persuadé par des
preuves si fortes & si convainquantes, que les
Sorbonistes, estant comme ils sont, les Ennemis déclarez des Papes, sont vrayement Iansenistes.

VI. PREVVE.

La hayne qu'ils ont contre les Religieux en
est une sixiéme preuve. Les Ianfenistes ont cô-
spiré contre les Reguliers comme j'ay remar-
qué dans leur Politique, dés le commencement de leur Caballe ; prévoyant bien qu'ils
opposeroient de grands obstacles à l'établisse-

ment de leurs herefies. Et en effet ils ont ref-
fenti fouvent les forces de ce grand Corps.
Tout le monde fçait que les herefies du Sieur
Arnaud furent cenfurées en Sorbonne ; parce
que, comme l'écrit Montalte, Lett. 1. edition de Cologne, *pag. 2. & 3. De la part des
Catholiques se trouverent quatre-vingt Do-
 #eurs Seculiers, & quelques quarante Moines
Mendians, qui condamnerent sa Propofition.*
Ce rude coup leur fit une playe fi profonde,
que depuis ce temps-là ils ont fait éclatter par
mille injuftes moyens leur hayne inveterée
contre les Religieux. Les Sorboniftes mar-
chent fidelement fur leurs pas. Ils ont rejetté
par leur Cenfure toutes les Propofitions, que
le Sieur de Vernant a faites des Privileges des
Reguliers; encore qu'il n'ait rapporté que la
Doctrine expreffe, & les termes formels des
Conciles Generaux, des Bulles des Papes, des
Canoniftes, des Anciens Docteurs de Sorbonne, & des autres Catholiques. Ce que fon fçavant Defenfeur a confirmé par plufieurs té-
moignages inconteftables. De plus, ils leur
ont fermé l'entrée en leurs Affemblées Sorbo-
niques, afin qu'ils puiffent lever par cette ex-
clufion, les obftacles qui les empefchoient de
juger felon leurs paffions, des Queftions pro-
posées. Et veritablement le nombre des Do-
éteurs Catholiques eftant prefentement le
moindre en Sorbonne, les Ianfeniftes y ont
l'avantage au grand deshonneur de la Faculté,
dont les Cenfures n'euffent pas efté condamnées par le Pape comme elles ont efté, fi les
Reguliers y euffent efté admis; car elles euffent
efté conformes à la Foy Orthodoxe. Les Sorboniftes enfin tâchent de rendre les Reguliers

ódieux, en difant dans le Recüeil de diuerfes
pieces, pag. 111. nomb. 18. *Que la Bulle du
Pape, telle fauffe qu'elle foit, eft foûtenüe en
France de vingt mille tant Moines, qu'Ecclefiaftiques intereffez, & qu'il n'y a rien qu'on ne
doiue craindre d'eux.* Et dans la *pag.* 142.
*Qu'une douzaine de Religieux que le Pape a con-
fultez, préualent à deux cens Docteurs de Sorbonne.* Côme les Heretiques & modernes &
anciens ont toufiours hays cruellement les Religieux, que faut-il iuger des Sorboniftes, &
quel rang doiuent-ils tenir, puifqu'ils ont une
haine pareille ?

VII. PREVVE.

I'adjoûte la derniere reffemblance qu'ils ont
avec les Ianfeniftes. Il n'eft point de diffimu-
lation, de déguifemens, de fourbes, d'impoftures, que ces Heretiques n'employent contre
leurs Adverfaires. Montalte on ufe le plus arti-
ficieufement du monde en fes premieres Lettres contre la Cenfure des herefies du Sieur
Arnaud, contre la Doctrine Orthodoxe de la
Grace Suffifante, contre les Peres Dominicains, & autres Docteurs Catholiques : Et
dans fes Dernieres il attribuë aux Iefuites, fans
garder nulles mefures, les plus étranges Maximes qu'on puiffe imaginer. Cependant ces
Peres montrent en leurs Défenfes la conformité de ces Calomnies avec celles, que le Mini-
ftre Du Moulin a publiées autrefois contre
l'Eglife Romaine. De plus, ils convainquent
les Ianfeniftes de vingt-neuf Impoftures évidentes, contenuës dans huit Lettres de Montalte, fçavoir, l'11. la 12. &c. Ils font voir

enfin dans leurs dernieres Réponses les autres
calomnies de ces Heretiques , que les Sorbonistes imitent fort exactement. Et de vray le
Défenseur du Sieur de Vernant , dans son Livre de *L'ancienne Theologie de Sorbonne* , se
plaind dans la préface , & dans la *pag.* 519.
Qu'ils attribuënt au Sieur Vernant une doctrine , dont il ne dit pas un mot dans les pages ci-
tées par ses Censeurs , 176 . 384 , 388 , ny dans
tout le Livre. Il remarque , *pag.* 491. que dans
l'Extrait des propositions censurées , *pag.* 630.
ils passent sous ces points (. . . . . .) les raisons & les preuves qui les autorisent. Dans les
pag. 426 . 427 . il leur reproche qu'ils font des
suppositions , & qu'ils donnent un mauvais
sens aux propositions extraites des *pages* , 365 .
366. Et il prouve ensuite qu'elles sont Orthodoxes lorsqu'elles ne font pas corrompuës par
leur maligne explication. Dans tout son Livre
*De la Doctrine Ancienne des Theologiens de Pa-
ris* , il montre clairement qu'ils ont dissimulé
les preuves du Sieur Vernant tirées des Auteurs
que i'ay rapportez dans la cinquiéme Preuve,
qu'ils ont negligé ses raisons , qu'ils ont ma-
licieusement interpreté ses paroles , Et que
que pour le condamner , ils ont condamné sous
son nom , les Conciles , les SS. Peres , les Papes , leurs propres Theologiens , tous les Docteurs étrangers les plus éminens en dignitez,
& les plus celebres en doctrine & en zele pour
la vraye Foy. Tant il est vray , ce que dit La-
ctance , qu'ils sont opposez à la Verité & qu'ils
ne veulent pas la voir de peur qu'ayant recon-
nu l'innocence de ceux qui la protegent contre
leurs erreurs, ils ne puissent les condamner avec
apparence de justice. *Student damare tanquam*

nocentes , quos utique sciunt innocentes; constare
de ipsa innocentia nolunt : verentur enim quod
si audierint , damnare non possint.

Mais que diray-je de leur Censure contre
Amadeus Guymenius ? Veritablement je des-
approuve, & si i'avois assez d'autorité, je con-
damnerois tout-a-fait sa maniere de défendre
les Iesuites contre les Dominicains ou Iaco-
bins. Il montre bien que les Dominicains ont
enseigné des opinions plus choquantes, que ne
sont celles des Iesuites : Mais pourquoy infor-
mer le public de tant de Propositions odieuses,
ramassées dans un petit volume ? Ie m'étonne
que les Iesuites ayent eu si peu de Politique,
qu'ils n'ayent pas empéché, s'ils l'ont pû faire, l'impression de ce Livre-là , principalement dans un temps , où ils avoient tant d'ennemis déclarez ? Cependant puisque je n'entre-
prends icy que de prouver les déguisemens, &
les impostures des Sorbonistes , sans parler de
la doctrine , Ie veux raporter seulement les
calomnies dont ils noircissent Guimenius, non,
pas toutes , je serois ennuyeux ; mais les plus
éclattantes.

Dans les propositions, qu'ils ont censurées,
sçavoir dans la 4. Ils ont retranché les paroles
de Guimenius & ils en ont ainsi alteré le sens,
pag. 86. *n.* 2. *& 3.* Dans la 7. ils suppriment
le bon sens des termes de Guymen. *pag.* 87.
n. 3. Dans la 9. ils dissimulent que Guymenius répond à l'Anonyme que les Iesuites sont
d'une opinion contraire. *pag.* 94. *n.* 1. Dans
la 15. ils ostent les derniers mots de la Proposition, & imposent à Guymen. *pag.* 18. *n.* 3.
Dans la 25. ils confirment une opinion , que
Guymenius dit n'estre pas soûtenable, *pag.* 122.

Dans la 27. ils font semblant de ne pas connoî-
tre que Guim. enseigne tout le contraire, &
qu il refute l'opinion de Cajetan & de Sylvestre Dominicains. *pag.* 237. Dans la 33. Guim.
la rejette, *pag.* 114. *n.* 5. Dans la 37. tous les
Iesuites la nient & la rejettent avec saint Antonin, *pag.* 158. *n.* 1. &c. Dans la 47. Ce sont
les propres termes & la propre doctrine de S.
Thomas, dont ils ont tronqué les paroles &
corrompu le sens afin de le condamner. *pag.*
109. *n.* 3. Dans la 54. ce sont les paroles de l'ac-
cusateur Anonyme, qui impose une horrible
calomnie à Sanchez, dont les paroles & le sens
sont tout-a fait contraires, *pag.* 54. *n.* 1.
Comment donc les Sorbonistes l'ont-ils approuvée ? Dans la 59. ils ont supprimé le nom
de Sotus & les paroles de Guimenius, afin de
faire tomber leur Censure sur les Iesuites, *pag.*
142. Dans la 61. ils dissimulent les termes de
Guim. qui dit que le General des Iesuites
Claude Aquaviva, leur a defendu d'enseigner
en public ou en particulier, ny de mettre en
pratique ces sortes d'opinions. *pag.* 210.
Dans la 69. ce sont les paroles du Sacerdotal
Romain rapportées par S. Antonin, & neantmoins ils les condamnent. *pag.* 221. *n.* 1. Dans
la 70. Guimenius la rejette comme contraire
au Concile de Trente, *pag.* 233. *n.* 5. Il fait la
mesme chose dans la 71. *pag.* 277. *n.* 18. Dans
la 75. Ils ne l'ont pas extraitte fidelement ; De
plus, elle est de Sylvestre. *pag.* 177. *n.* 4. Dans
la 77. c'est la Doctrine de l'Anonyme, que
Guimenius rejette avec horreur, *pag.* 185.
proposition 5. *n.* 1. Dans la 79. Ils retran-
chent par une étrange infidelité les paroles de
Guim. qui le justifient. *pag.* 284. *n.* 5. Dans

la 80. Ils laiſſent malicieuſement la réponſe de Guimen. qui refute l'Accuſateur, *pag.* 244. propoſition 2. Dans la 81. Ils confirment l'horrible impoſture de l'Anonyme contre Vaſquez, qui ne dit pas un mot de la Propoſition cenſurée, *pag.* 25. Propoſition 12. Dans les quinze Propoſitions, qu'ils marquent ſeulement par les premiers mots, C'eſt le ſeul Anonyme qui les avance : Guimenius aſſure & ſoûtient qu'elles ſont en execration à tous les Ieſuites. Dans le nombre de toutes les propoſitions cenſurées il y en a *vingt & huit* de l'Anonyme, & *quarante quatre* des Auteurs qui ne ſont pas Ieſuites : Et neanmoins les Sorboniſtes les attribuënt *toutes* à Guimenius pour avoir lieu de le cenſurer, & en ſa perſonne les Ieſuites ; parce qu'il refute les calomnies dont on noircit leur doctrine & leur reputation.

De ces preuves qui ſont toutes *de fait*, il eſt aiſé de conclurre que les Sorboniſtes imitent exactement la mauvaiſe foy & les fourbes des Ianſeniſtes. S'ils euſſent agi, comme devoient faire des Docteurs Catholiques, ſelon les Regles de la conſcience & de la ſincerité Chrétienne, ils euſſent cenſuré les Propoſitions ſous le nom de leurs Auteurs, qu'ils devoient nommer afin de ne point impoſer aux innocens, & de ne point ſatisfaire leur hayne contre les Ieſuites : Qui ont cependant cét avantage ſur la Sorbonne, qu'on ne peut juſtement leur reprocher aucune hereſie.

Voila, Monsieur, le déplorable eſtat de noſtre Faculté, & vous n'en douterez nullement, ſi vous prenez la peine de conſiderer avec attention les Preuves que i'ay apportées. Et en effect, comment ne ſeroiét-ils pas infectez

des heresies des Iansenistes, puisqu'ils les ont
puisées au commencement dans les Ecrits &
dans les Leçons publiques du Sieur de Sainte-
Beuve, qui a mieux aimé renoncer à son Degré
& à sa Chaire de Docteur qu'au Iansenisme?
Puisqu'ils défendent obstinément leurs heresies? Puisqu'ils approuvent avec de beaux élo-
ges leurs Livres & leurs Traductions, où ils
ont inseré leurs erreurs? Puisqu'ils ne condamnent point par leurs Censures ceux qui les renouvellent? Puisqu'ils censurent les Livres
des Catholiques leurs Adversaires? Puisqu'ils
sont les mortels ennemis des Papes, comme le
sont tous les Heretiques? Puisqu'ils ont en horreur les Religieux, parce qu'ils combattent les
heresies, & qu'ils défendent la Foy Catholique? Puisqu'ils usent des mesmes artifices &
des mesmes calomnies pour les censurer & pour
ternir l'éclat de leur reputation, que ces Novateurs employent contre les Docteurs Orthodoxes? Tous ces Caracteres leur estant égallement communs, nous forcent à confesser qu'ils
ont les mesmes opinions, les mesmes desseins
& les mesmes interests, qu'ont les Iansenistes.

CONCLVSION.

Ie tire deux justes Conclusions de tout ce discours. La premiere est; Qp'Alexandre VII.
a condamné avec beaucoup de justice par sa
Bulle de Iuin 1665. Les Censures de la Sorbonne contre les Sieurs de Vernant & Guimenius
comme *Presomptueuses*, *Temeraires*, *Scanda-
leuses*; Et défendu sous peine d'excommunica-
tion, dont il reserve l'Absolution à luy-mesme.

La seconde est; Que les Decrets de ces

Docteurs, leurs Decisions & leurs Censures
doivent estre doresnavant suspectes aux Catholiques ; Qu'on ne doit pas croire facilement
que les Livres qu'ils auront approuvez soient
asseurément exempts d'heresies; Qu'on ne doit
pas enfin déferer a leurs opinions, jusques à ce
qu'ils ayent renoncé au Iansenisme, comme a
fait avant sa mort, le Sieur R. dit Monralte,
Auteur des Lettres au Provincial ; donnant de
si grandes marques d'une vraye penitence,
qu'il y a lieu d'esperer que Dieu luy a fait res-
sentir les effets de sa Misericordé.

Pour moy, je suis contraint de me cacher & d'estre fort sur mes gardes, afin d'éviter la persecution de mes Confreres ; qui me
traitteroient furieusement mal, s'ils avoient
appris que ie vous ay écrit si sincerement les
choses, que ie vous envoye comme tres-verita-
bles. Ils ne m'empescheront pas neantmoins
de rendre des graces immorteles à l'Auteur de
toute grace, qui m'a par son aimable Bonté
retiré de l'erreur & du precipice : Rendez-luy
en aussi graces, MONSIEUR, & soyez persuadé, s'il vous plaist, que ie suis tout à vous
en IESUS-CHRIST.

Ce 21. May 1667.

Il s'est glissé quelques fautes dans l'Impression, qui sont faciles à connoistre vous re-
marquerez celles-cy en particulier : *page* 39.
ligne 24. *lisez* à faire, *au lieu,* de faire.
pag. 40. *ligne* 6. peuvent.

www.ingramcontent.com/pod-product-compliance
Lightning Source LLC
LaVergne TN
LVHW010324030726
842520LV00004B/1240